0

zero

zero

10

ten

dez

20

twenty

vinte

30

thirty

trinta

40
forty

quarenta

50
fifty

cinquenta

60
sixty

sessenta

70
seventy

setenta

80

eigthy

oitenta

90

ninety

noventa

100

one hundred

cem

1000

one thousand

mil

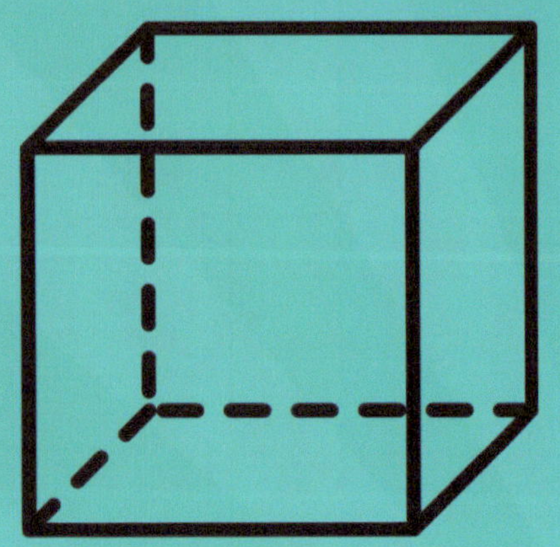

cube

cubo

block

bloco

ice cube

cubo de gelo

caramel

caramelo

sugar

açúcar

dice

dados

gift box

caixa de presente

cardboard box

caixa de papelão

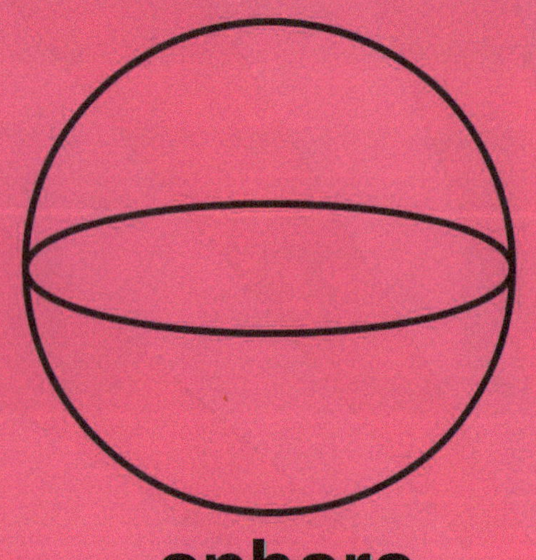

sphere

esfera

ice cream scoop

colher de sorvete

pearl

pérola

bubble

bolha

marbles

mármores

planet

planeta

snowball

bola de neve

tennis ball

bola de ténis

cylinder

cilindro

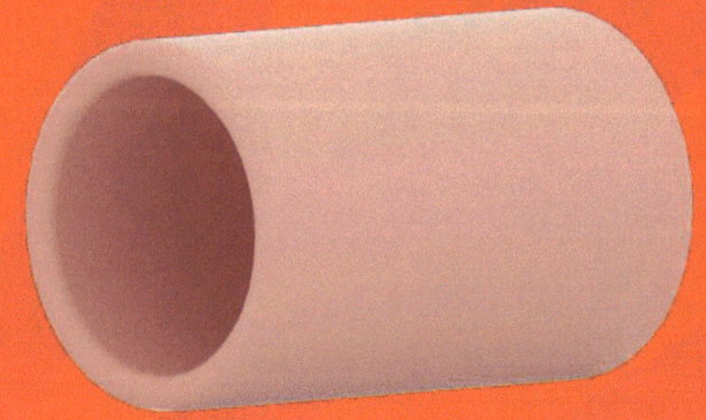

tube

tubo

batteries

baterias

thread spool

carretel de linha

cinnamon

canela

rolling pin

rolo da massa

sausage

salsicha

hay bale

fardo de feno

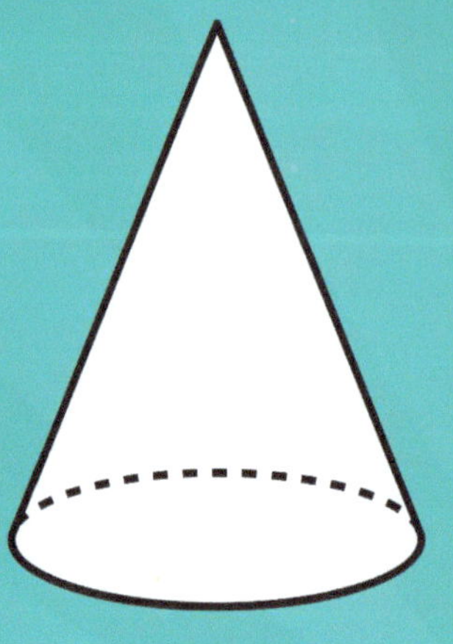

cone

cone

road cone

cone de trânsito

ice cream cone

cone de gelado

witch hat

chapéu de bruxa

dungeon

calabouço

fir tree

abeto

party hat

chapéu de festa

snail

caracol

blackberry

amora

currant

groselha

clementine

clementina

durian

durião

dragon fruit

pitaia

jackfruit

jaca

star fruit

carambola

asparagus

espargos

radish

rabanete

red bean

feijão-vermelho

turnip

nabo

cassava

mandioca

sweet potato

inhame

chickpeas

grão-de-bico

eagle

águia

bat

morcego

beaver

castor

flamingo

flamingo

raven

corvo

blackbird

melro

blue tit

chapim-azul

magpie

pega

swallow bird

andorinha

lark

cotovia

parakeet

periquito

woodpecker

pica-pau

peacock

pavão

parrot

papagaio

toucan

tucano

stork

cegonha

coral

coral

sea anemone

anémona-do-mar

sea urchin

ouriço-do-mar

seahorse

cavalo-marinho

clownfish

peixe-palhaço

goldfish

peixinho dourado

crab

caranguejo

hermit crab

caranguejo eremita

dolphin

golfinho

narwhal

narval

octopus

polvo

squid

lula

whale shark

tubarão-baleia

orca

orca

blue whale

baleia azul

beluga whale

baleia-beluga

hammerhead shark

tubarão-martelo

white shark

tubarão-branco

lemon shark

tubarão-limão

tiger shark

tubarão-tigre

grasshopper

gafanhoto

caterpillar

lagarta

scorpion

escorpião

lizard

lagarto

dinosaurs

dinossauros

black hair

cabelo preto

ginger hair

cabelo ruivo

brown hair

cabelo castanho

blond hair

cabelo louro

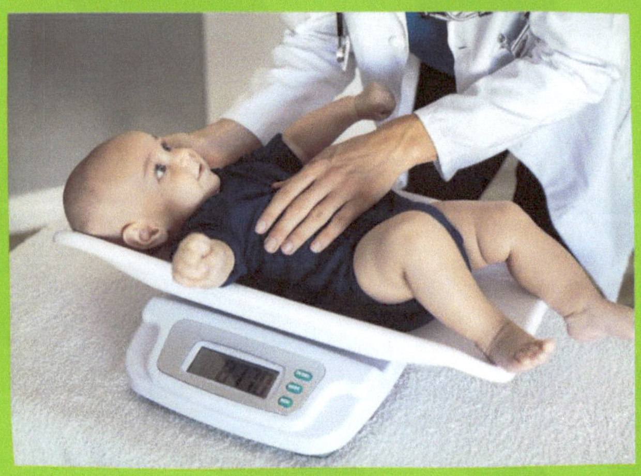

scale

balança

hospital

hospital

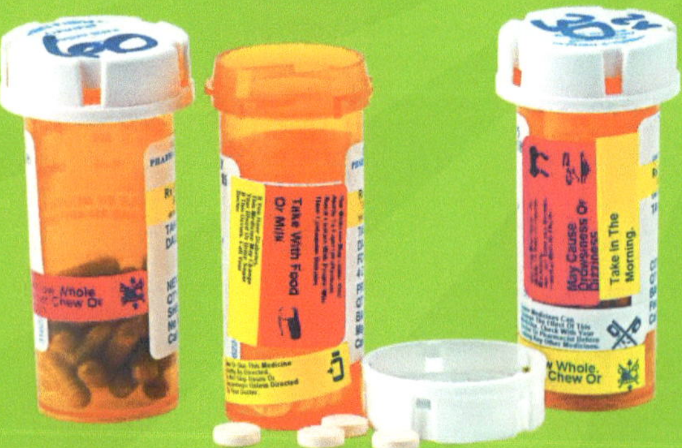

medicine

medicina

thermometer

termómetro

bandage

ligadura

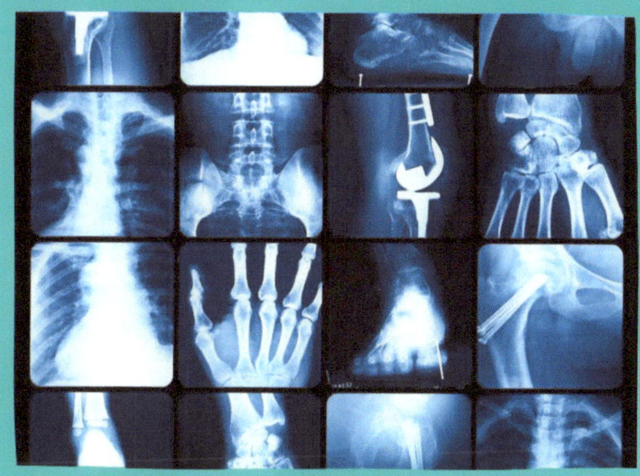

x-ray

raio-x

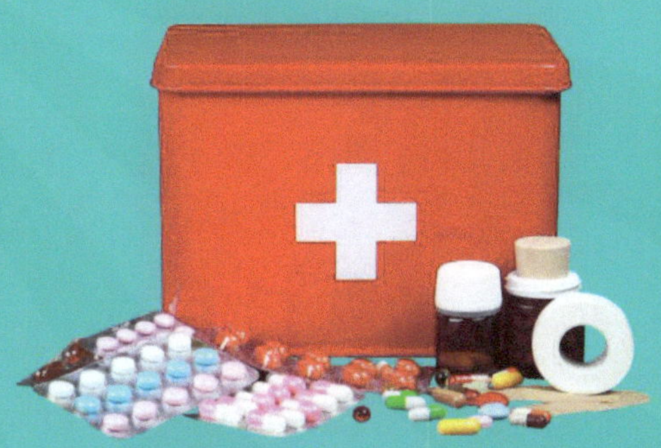

doctor

médico

first aid kit

kit de primeiros socorros

play

jogar

draw

desenhar

count

contar

write

escrever

dancing

dança

swimming

natação

skiing

esquiar

basketball

basquetebol

tennis

ténis

ping pong

pingue-pongue

soccer

futebol

horse riding

passeios a cavalo

ice hockey

hóquei no gelo

judo

judo

boxing

boxe

running

corrida

baseball

basebol

cricket

críquete

rugby

rúgbi

volleyball

voleibol

maracas

maracas

tambourine

pandeireta

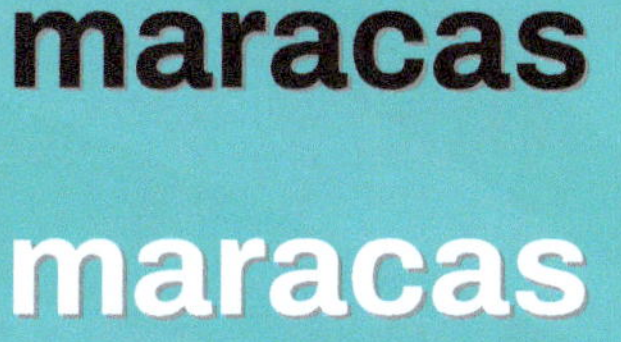

xylophone

xilofone

violin

violino

piano

piano

guitar

guitarra

cello

violoncelo

harp

harpa

drum

tambor

djembe

djembe

drum kit

bateria

trumpet

trompete

horn

trompa

saxophone

saxofone

flute

flauta

headphone

auscultadores

sing

cantar

sheet music

partitura

microphone

microfone